そのままのあなたが、
とっても♥すき
上原愛加
Uehara Aika
Gakken

もくじ

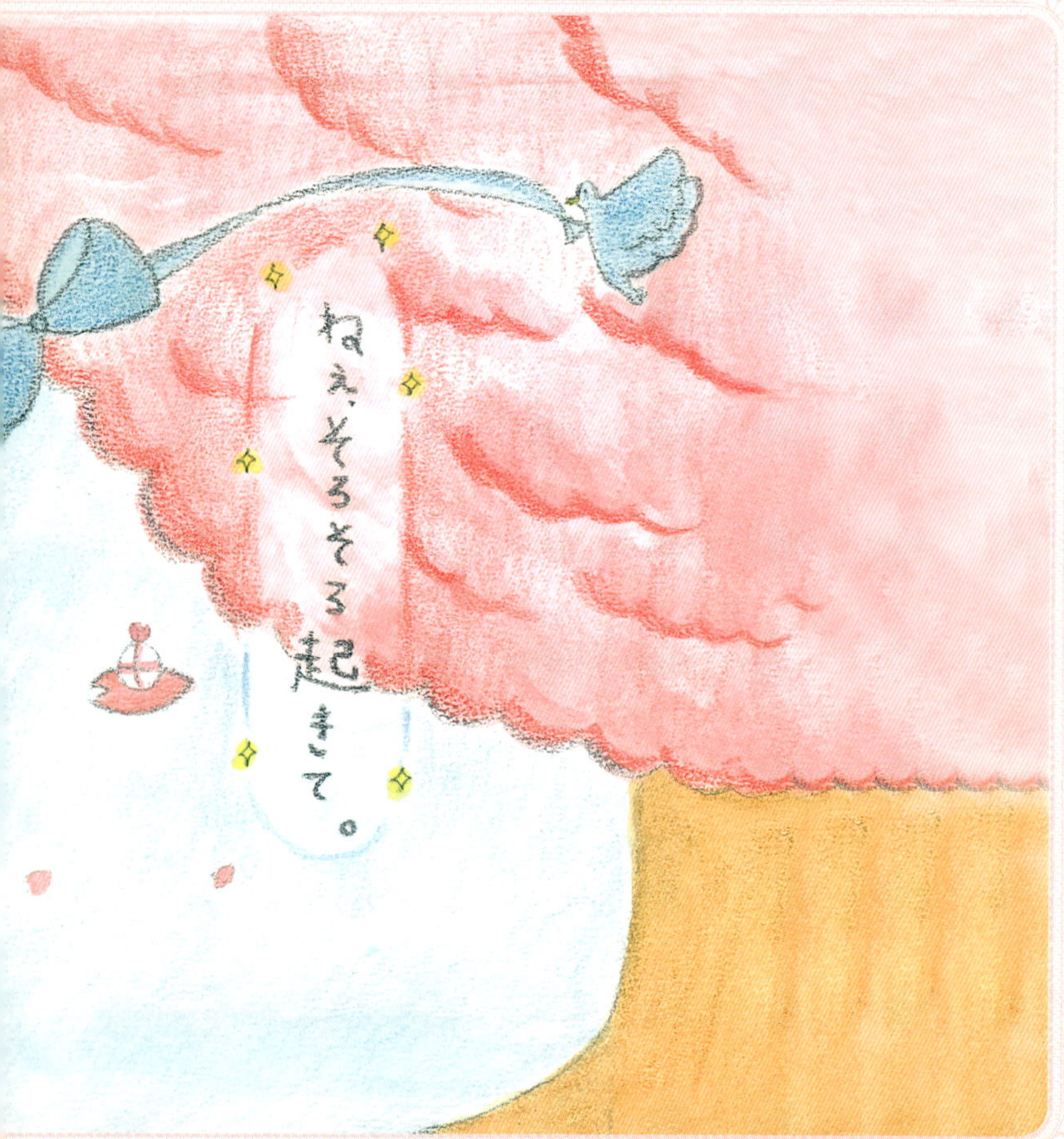
ねぇ、そろそろ起きて。

いま
世界で一番
すてきな
プレゼント
あなたに、
贈るから。

それは一冊の魔法の本。

その本には、魔法のパワーが

いっぱい込められているから、

持っているだけでとびきり素敵なことが

いっぱいいっぱい起こるようになる

すべてから、守られ、愛されて。

どんな大きな願いも叶っちゃう

ほら♥
もう絶対
だいじょうぶ

魔法プロローグ

お気に入りの大きなマグカップに、
ホットミルクをたっぷり入れて
ふんわりしたクッションにつつまれる日曜の午後

窓の外にちらりと目をやると、
青空に、陽の光がきらきらきらと輝いていて

それだけなのに、なんだか幸せ♪

でも、こんな気持ちはひさしぶりなんだ
ちょっと前まで、わたしは、
モヤモヤしたどうしようもない気持ちと
毎日、一緒にすごしていた

☆～☆～☆～☆

大学を卒業して、そのまま就職
仕事は忙しいけど、やりがいもあって

きっと、まわりからみれば、
うまくいっていたほうだと思う

それなのに、なぜだろう……

「このままでいいの？」

って、心のどこかがずっと言っていた

でも、どうしたらいいのかわからなくて

毎日、山のようにある仕事で
自分のほんとうの気持ちを
覆《おお》い隠すようにしていたんだけど

どうしようもないモヤモヤは、
日に日に、大きくなっていくばかり……

そんなある日、わたしは、ある学校に出逢った
その学校で開かれている
『魔法のプリンセスレッスン』を受けると
自然と、すべてがうまくいくようになるらしい

ほんとうかな？　って思ったけど

魔法

っていう言葉がなんだか気になって、
とりあえず、そのレッスンに申し込んだ

その夜、流れ星をみたんだ
それは、生まれて初めての流れ星
まるで誰かが「うまくいくよ！」って
ウィンクしてくれているように
きらきらと輝いて、大きな夜空を流れていった

学校に初めて行った日

小さなお部屋に入って、
ふわふわのクッションに腰をおろすと
まるで魔法にかけられたように
どうしようもない気持ちが
あふれ出してきた

「もう、どうしたらいいのかわからないんです」

そんなわたしに、先生はほほえんで、こう言った

「そんなときは、
何もしなくて、
だいじょうぶ」

へっ？

わたしは、拍子抜けしてしまった

だって、もっと

「こうしなさい」とか
「こうしたほうがいいよ」って
言ってもらえると思っていたから……

驚いた様子のわたしに、先生はゆっくりと続けた

「なぜなら、いま、あなたの中で、
〝魔法の種〟が、花ひらいているから」

「魔法の種が花ひらくと、
そこから素敵なパワーがあふれだし
どうしたらいいのかわからないような問題も
あっという間に、解決されちゃいます！

だから、〝なんとかしなくちゃ！〟って
がんばらなくても、だいじょうぶ

魔法の種のパワーに任せておけば
すべてがうまくいくのですから！」

わたしは、信じられないような気持ちだった
だって、このモヤモヤから抜け出すためには、
わたしがなんとかしなくちゃ！

ずっと、そう思っていたから……

そのままでいいなんて、
ほんとうなの？

そんなわたしに、先生は優しくこう言った

「だいじょうぶ
〝そのままのあなた〟でいるだけで、
魔法の種は、どんどん花ひらいていくから」

「そうすると、
毎日にタイミングのいいことが
たくさん起こりはじめます！

欲しかったものが
思いがけない方法で手に入ったり
トラブルが、驚くような方法で解決したり

そう、〝そのままのあなた〟でいれば、
無理をしなくても、
なんとかしようとしなくても
あなたの願うすべてが叶えられちゃうのです！」

それから先生は、
ホワイトボートを取り出して
何やら絵を描きはじめた

しばらくして

「できた！」

とにっこり笑って、こういった

「これが、〝そのままのあなた〟です」

「そう、心がおだやかで
不安や、悩みや、心配ごとや
イライラする気持ちがなくて
ゆったりとしたいい気持ちのとき……

それが、〝そのままのあなた〟なんです」

「だから、もし、あなたが
心のどこかでモヤモヤを感じているとしたら

それは、大切な**魔法のサイン！**

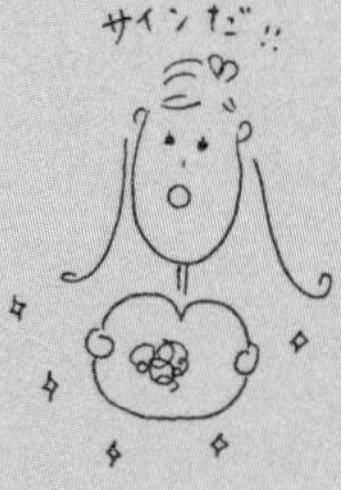

あなたが、気づかないうちに
〝そのままのあなた〟でなくなっている
ということを教えてくれているんです！

そんなときは、この魔法を聴いてみて♪」

それから、先生はにっこりとほほえんでそう言って
5つの〝魔法〟を聴かせてくれた

その〝魔法〟を聴いているだけで
すべてがうまくいくようになるんだって！

そんな夢のようなことがほんとうにあるのかな？
って、ちょっと信じられなかったけど、
とにかく、聴いてみた

そうしたら、ほんとうに
タイミングのいいことが
次から次へと
起こるようになったんだ！

たとえば、たまたま雑誌で見つけた
行列のできるロールケーキを「食べてみたいなぁー♪」
と思っていたら、友だちからお土産でいただいたり！

仕事が終わらなくて、約束をしていたひとに
連絡をしようか迷っていたら、
「日にち変更できる？」というメールがきたり！

コンビニに入ったら
連絡をしようと思っていた
友だちがそこにいたり！

「〇〇に引っ越したいな〜」と思ったら
その場所で、ぴったりのお家が見つかったり！

さらに、信じられない奇跡の数々が起こって、
願った以上の会社に転職が決まったり……!!

そして、いま
悩んでいたあのころが
まるで嘘のように、

わたしの心は
幸せでいっぱいになっちゃった

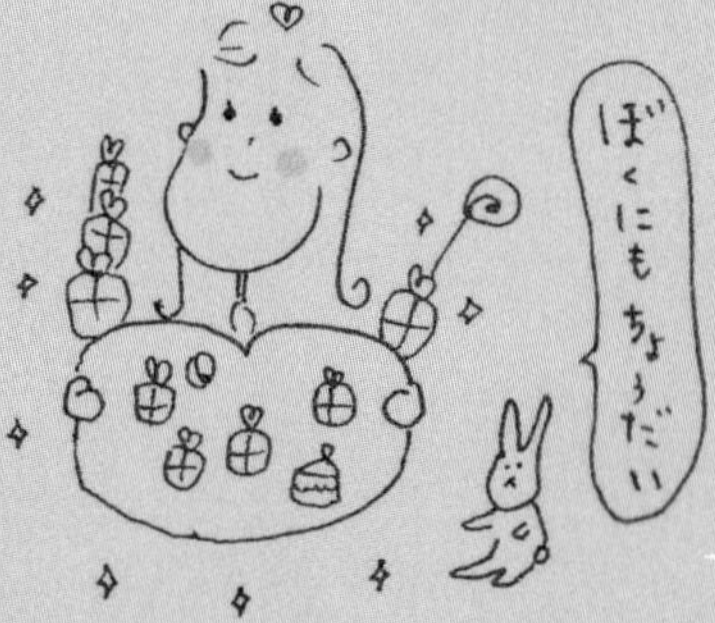

だから、
忘れないように、
もう一度

先生が、あの日、わたしに聴かせてくれた
5つの〝魔法〟を思い出してみようと思う
もしよかったら、あなたも一緒に聴いてみて♪

そうすればきっと、
信じられないくらい素敵なことが
次から次へと起こるから！

そう、お気に入りの音楽を聴くときのように♪

ぴっ

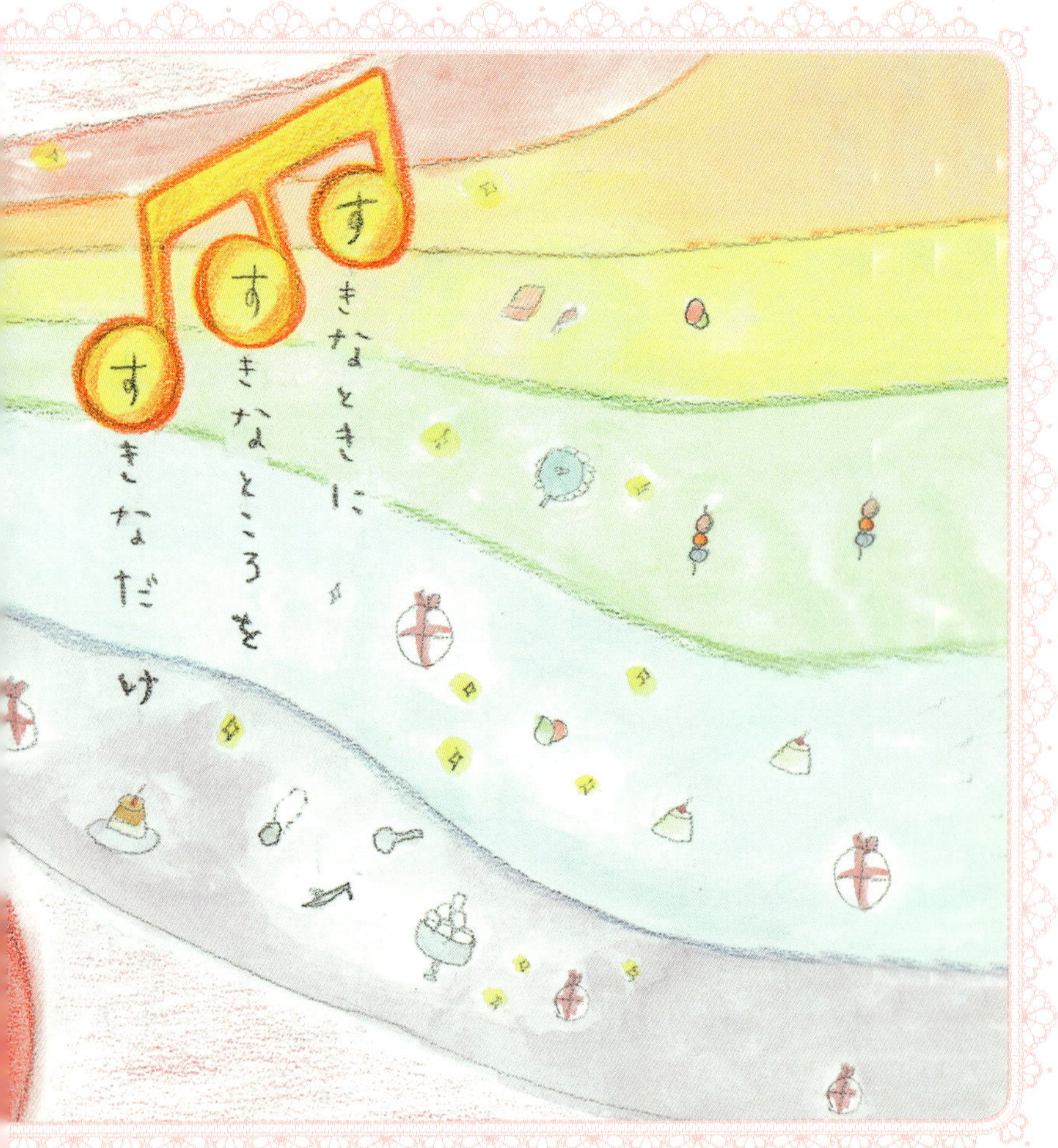
すきなときに
すきなところを
すきなだけ

ただリラックスして♪

楽しんで♪

もう ねた・・・・

魔法 1

いま、花ひらく

ほんとうは

いま、すぎてゆく
一秒一秒ごとに
ひと粒、ひと粒

わたしの中で、
〝魔法の種〟が
花ひらいている

それは

幸せな気分のときだけじゃなくて

落ち込んだ日も

イヤなことがあった日も

疲れて、なにもできない日も

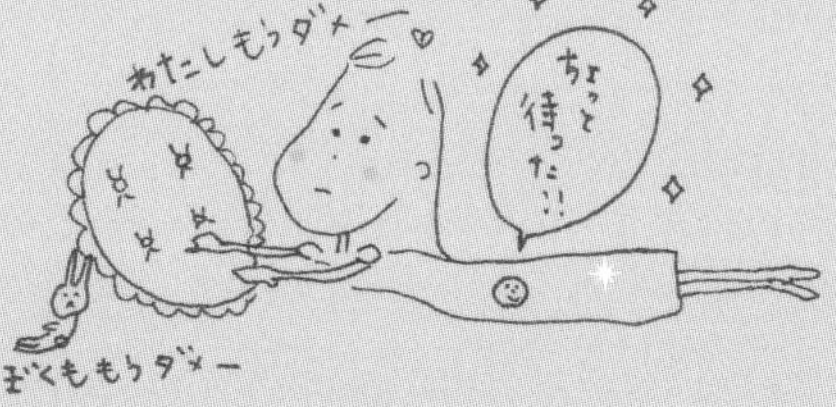

いつも、いつも、どんなときも

ぼくたちが、いまから
一生けんめい花ひらいて
きみに幸せを
運ぶから
だいじょうぶ
今からすべてが
はじまるよ
だから にっこり
ほほえんで
ぼくたちのパワーを
信じてくれよ

だから

わたしの心の中に眠っている
魔法の種のパワーを信じよう

それは、特別なものではなく

この世界に生まれ
この大地の上に立っている
誰もが持っている自然のパワー

そう、樹や草花と同じように
この大地の上に立っているわたしは

もう、それだけで
魔法のパワーと
しっかり、つながっている

だから、気持ちを少し楽にして♪

ケーキを食べて「幸せ～♪」になったとき
青い空を見上げて、いい気持ちになったとき

あたたかいお茶を飲んで、
ほっと一息ついたとき

ありふれた毎日の中に
小さな「幸せ♪」をみつけて
なんだか嬉しくなっちゃうそのときに

自然のパワーが、わたしの中に流れ込み……

また、わたしの中で
新しい魔法の種を
そっと一粒、花ひらかせていく

zzz…

だから、今日もいろいろあったけど

さあ、お風呂にでも入って
「ふぅ〜♪」と、気持ちを楽にしよう

そうしたら、いま、
魔法の種がたくさん花ひらき

今日あったイヤなことや、イライラしたこと、
悲しかったこと……みんな、みんな

そっと、つつみ込んで
幸せの場所まで運んでくれるから

そう、ちょっとほっとして♪

そうしたら、魔法の種が
いっぱい、いっぱい
花ひらいて

わたしにいいことを
いっぱい、いっぱい
運んでくれるから♪

もちろん、思い通りにならないことも
たくさんたくさんあるけど
どんなときも、ちょっと楽にしてみたら
自然のパワーとつながることができる

そうすると、魔法の種が
どんどん、どんどん
花ひらいて

そのままでいても、
昨日よりも今日
今日よりも、明日
もっともっと素敵になれちゃう♪

だから、もし、心の中にモヤモヤがあるなら、
「きっと、うまくいく」って信じて
魔法の種のパワーにまかせちゃおう

そう
ずっとひとりで抱えていなくたって
じっとにらめっこしていなくたって
ほら、自然の力にゆだねたら
もう、絶対！　だいじょうぶ

だから、安心して

いま、ふんわり
いい気持ちになって

自然のパワーとつながろう

そうしたら、きっと
素敵なプレゼントが
たくさん、たくさん届くから♪

そう
がんばらなくても、
欲しいと思ったものが手に入り

無理しなくても、
すべてがスムーズに運ぶようになって

特別な努力をしなくても、
わたしは、ぐんぐん素敵になれて……

自然とすべてがうまくいく！

そう！　これが
〝そのままのわたし〟が持っている
世界一！　素敵な魔法の力

Special Love

あっ!!
おいしい♡

魔法 2

ぐんぐん、そだつ

晴れの日が続くと、
樹や草花が
ぐんぐん育っていくように

いつも晴れやかな
いい気持ちでいると

魔法の種も
ぐんぐん、育っていく

そうすると、毎日に起こる
「幸せ♪」や「いいこと」も
ぐんぐん、ぐんぐん大きくなる

でも、いつも晴れやかな気持ちでいるのって難しい

だから、
こんなふうにしてみよう

いつもじゃなくても
思い出したときに、やってみるだけで
ずっと晴れやかな気持ちが続くようになるから

大好きなひとにすることを
わたしにもしてあげること

たとえば

おいしいご飯をつくってあげたり
小さなプレゼントをしたりするように

「疲れたら、早めに休んでね」
って優しい言葉をかけたり

「大丈夫？」って心配したり
「なにして欲しい？」って聞いたりするように

わたし自身にも、そうしてあげるんだ

そして、ちょっと落ち込んじゃったときは
いい気持ちになれるようなこと、してあげよう♪

そう、待たせないで、できるだけいますぐに
わたし自身に「大好き！」って伝えよう

でも、言葉だけじゃ伝わらないから……

「好きなら行動で示して♡」

なんども♡なんども

それから、それから……

いつも当たり前のように
お部屋においてあるものを

ひとつ、ひとつ

「ふんわりまろやか♪」
「いい気持ち♪」
「幸せ♪」

になれるものにしてみよう

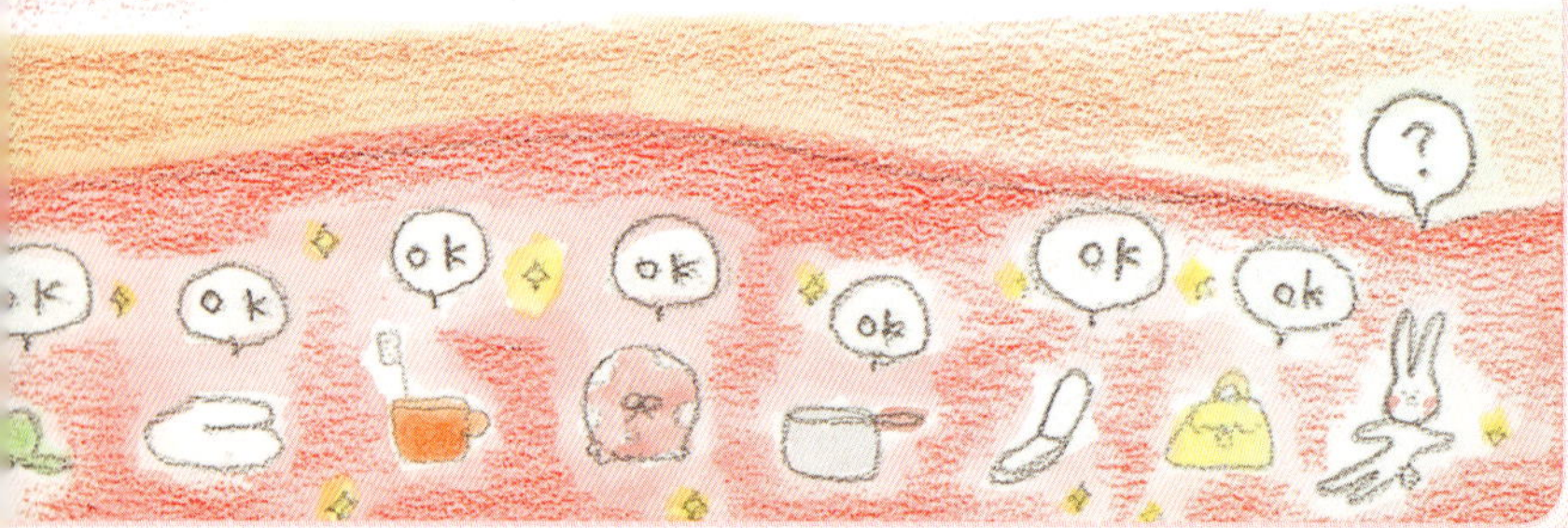

卒業。
検討中。
ok
ok

これは、バッチリ!!

こんなふうに
大好きなひとにするように
わたし自身を大切にすると
晴れやかないい気持ちが
ずっと続くようになる♪

そして
ありふれた毎日の
ありふれた瞬間に
突然、奇跡が起こって
願いが叶っちゃう♪

「でも、それじゃ、自分ばっかり幸せで
まわりのひとはどうなるの？」って、
わたしの心のどこかが言っていた

でも、とにかく、やってみよう！　と思って、
ある日、「いい気持ち♪」になれる
ふんわりまろやかなバスタオルを
自分にプレゼントしてみたんだ

つかってみたら、ほんとうに気持ちよくて
そうしたら、もうすぐ結婚記念日を
迎える友だちのことを思い出した
「このタオルをプレゼントしよう！」
と閃《ひらめ》いて、そのタオルを買いにいった帰り道……
バスに乗っていたときに、気づいた
自分が「いい気持ち♪」と感じたことは
誰かにもそうしたくなっちゃうこと

おいしいケーキだって食べたことがなかったら
「どう?」って言うことはできないように
自分が「幸せ♪」を感じなくちゃ
「幸せ♪」をプレゼントすることはできないんだ
だから、まず、わたしに「幸せ♪」を
いっぱい、いっぱいプレゼントしてみよう

自分に贈った「幸せ♪」は
必ず、まわりのひとに届き
誰かに贈った「幸せ♪」は
何倍もの「幸せ♪」を連れて
わたしのもとに帰ってくるから

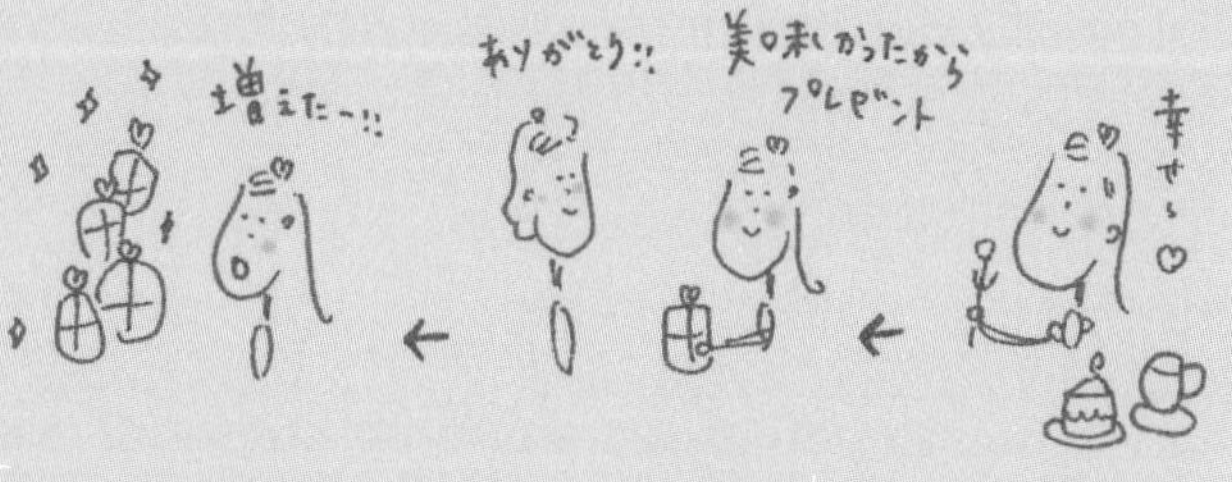

そう、きっと

あなたの「幸せ♪」は、わたしの「幸せ♪」と
わたしの「幸せ♪」は、あなたの「幸せ♪」と

しっかり、つながっているから

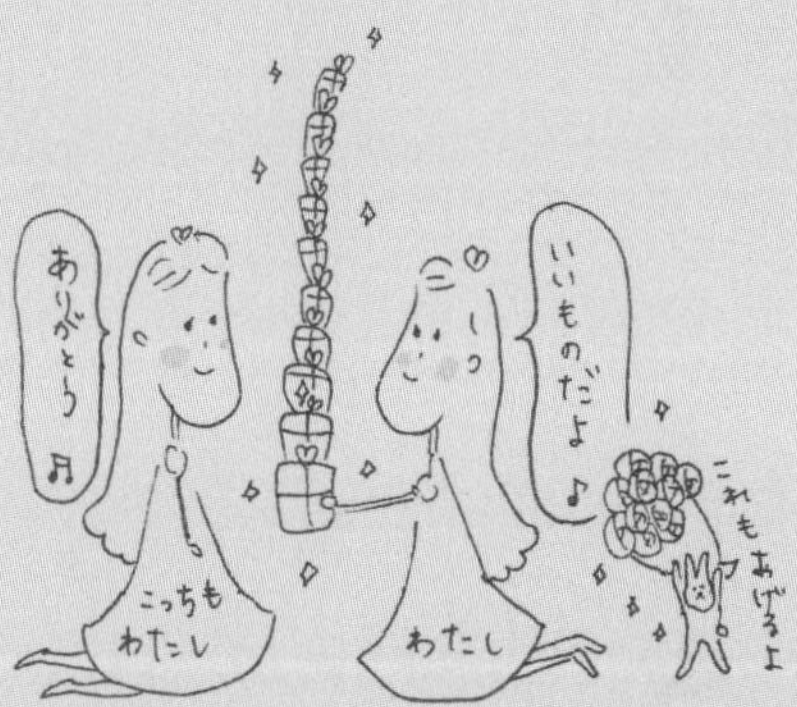
いいものだよ♪
これもあげるよ
わたし
ありがとう♬
こっちもわたし

まず、自分を「幸せ♪」でいっぱいにしちゃおう！

ともだちの
おばあちゃんの
お父さんの
お母さんの
妹の
おじいちゃんの
あなたの

ぼくのは？

そして、こんな気分の日は
「なにもしないこと」
をプレゼント♪

そう、一番大切なプレゼントは
〝優しさ〟のプレゼント

できるだけ、わたしの気分によりそって

できるときに、やってみて
できないときには、やらないで
あんまり無理しないで
あんまりがんばらないで

ただ、そのままのわたしでいよう

そうすれば
やがて朝がきて、
太陽が顔を出し
自然と元気が
あふれてくるときがくる

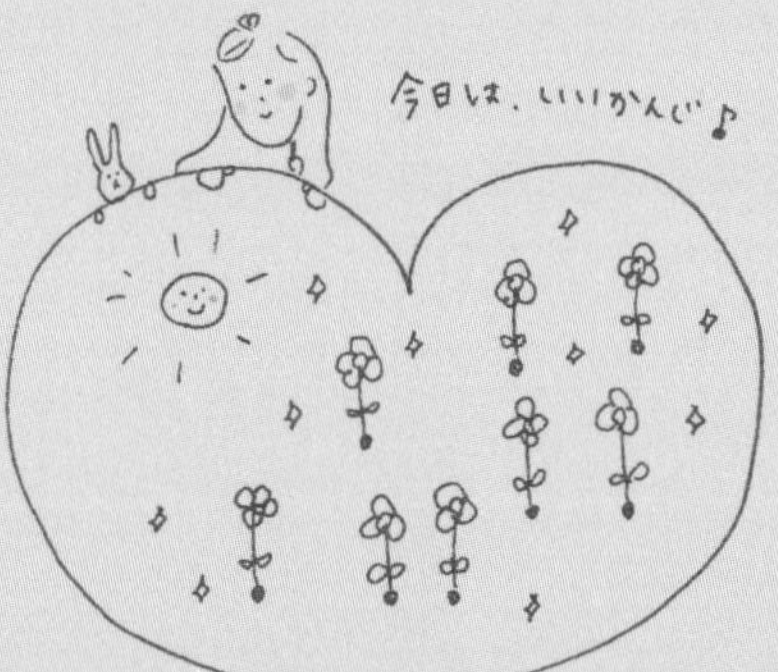

そうしたら、また

なんだか楽しくなること
なんだかわくわくすること
なんだか嬉しくなること
なんだかときめいちゃうこと……

やってみよう♪

いっぱい♪
いっぱい♪
いっぱい♪

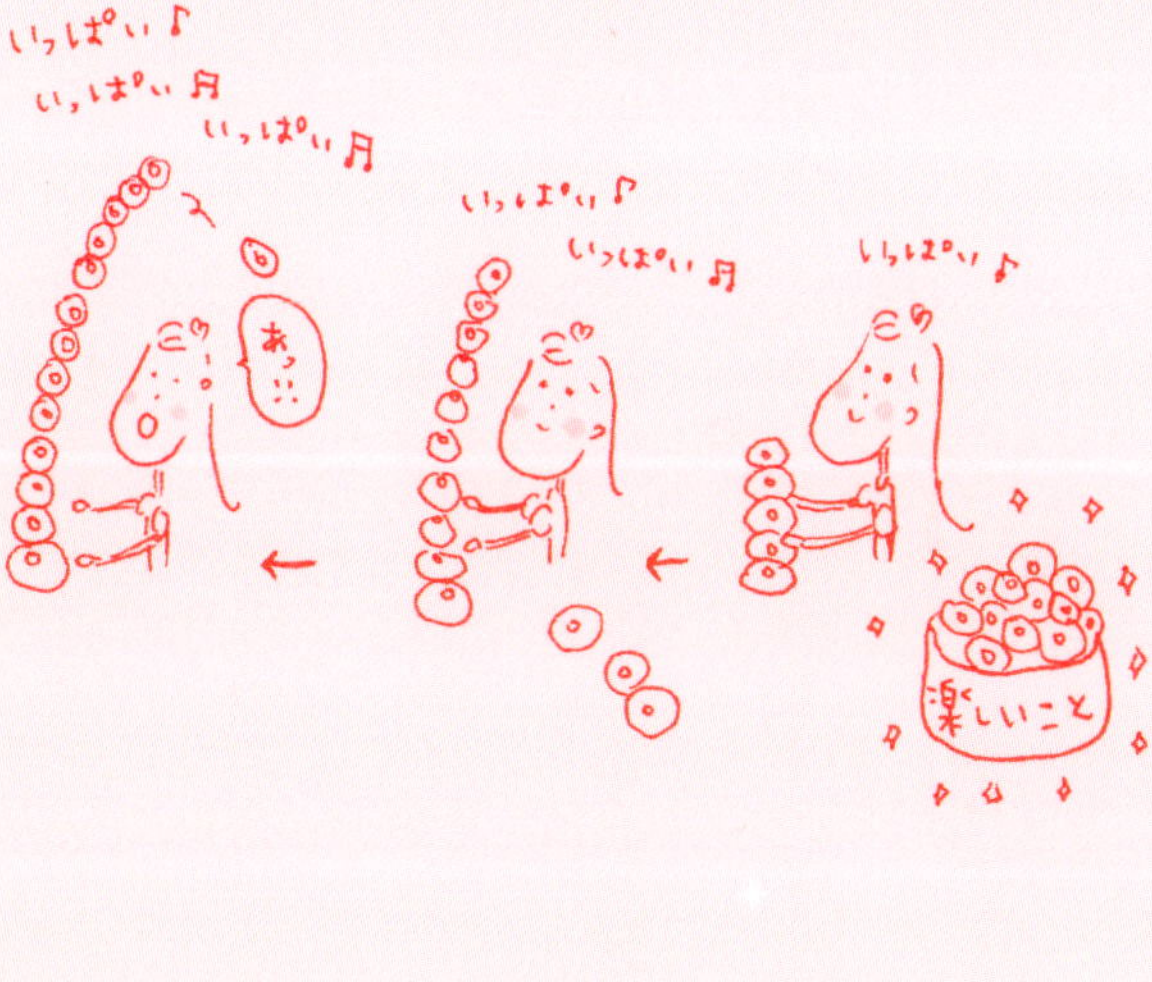

そう、わたしの気分にあわせて♪

ちょこっとずつ、
楽しんで♪

そう、なんども
小さな「幸せ♪」のプレゼント
つづけてみよう
そうしたら、ある日、
大きな大きな「幸せ♪」が届くから

よかった…♡

今週は、ちゃんと
おやつ もらえる♡

魔法 3

そっと、まもる

誰にでも、歩きたくない日がある
誰にでも、前に進めない日がある
自分は全然ダメだって落ち込んじゃう日がある

……っていうけど

こんなに落ち込んだり、
イライラしたり
不安定なのは、
わたしだけ？

……って、ちょっと不安になって、見上げたら
あなたがいたから、わたし、なんだか嬉しくて

あなたのために
大きなイチゴが乗ってる
ケーキを買ったよ

それから、
甘い甘いホットミルクも
つくってあげるよ

もしよければ
わたしの
お気に入りの
ふわふわの
毛布も
つかっても
いいよ♥

あなたの心があたたまるまで

あなたがもう
なにも心配しないように
あなたがもう
絶対寂しくないように

わたしがいつも
あなたの味方でいてあげる

そして、あなたのために
とびきり可愛い傘を用意しておいて
もし、雨がふったら、かけつけるよ

そう、

落ち込んじゃう日や
悲しくなっちゃう日
イライラしちゃう日があるのは

晴れの日があれば、
雨の日があるのと同じこと

それは、とっても自然なことだから
そして、わたしも同じだから

だから、一緒に……

「いいよ♪」

そう、これが、
心に雨がふるときに
魔法の傘をひらく合言葉

「いいよ♪」って言うと、
心に魔法の傘が広がって……

きっと
あなたも
あったかい

それに、ほんとうは
雨がふると、心が潤って
魔法の種が、
たくさん、たくさん
晴れの日よりも
もっと、たくさん花ひらくから……

雨の日にこそ、待ちに待った幸福が訪れる♪

だから、心に雨がふる日だって
イヤだなあって思わなくても
なんとか晴れにしようとしなくても
そのままで、いいんだね

そう、うまくいかない日は、「いいよ♪」

落ち込んじゃうときも「いいよ♪」
悲しくなっちゃうときも「いいよ♪」

そう、ぜんぶ、ぜんぶ、「いいよ♪」

そのままのわたしで、「いいよ♪」

もちろん、いつ遊びに来ても、「いいよ♪」

どうぞー!

そう、きっと、
幸せな気持ちだけじゃなくて

怒りも悲しみも
イライラも、モヤモヤも

そのひとつひとつが

〝そのままのわたし〟の中に生まれる
世界でたったひとつだけの宝ものだから

悲しみは
青い色のサファイアにするー

晴れやかないい気持ちも
落ち込んだ雨ふりのような気持ちも

どっちも、大切にしたい

イヤな気持ちだけ
「こんなの、いらない！」って
けとばしちゃうんじゃなくて

ひとつひとつを
「いいよ♪」って
しっかりと受けとったら

ほら

「悲しいこと」からは
魔法のロープが伸びていて

少しずつ、少しずつ
ロープをたぐりよせてみたら……

きっと、端《はし》っこにくっついてくる
とびきりの「幸せ♪」に手が届くはず！

ときに、ロープが長すぎて
すぐにはわからないこともあるけど
そんなときも、必ず、その先には
大きな「幸せ♪」がつながっているから

一緒に、そう信じよう

だって、
雨と晴れが
夜と朝が
冬と春が

つながっているのだから

すべては必ず「幸せ♪」につながっている

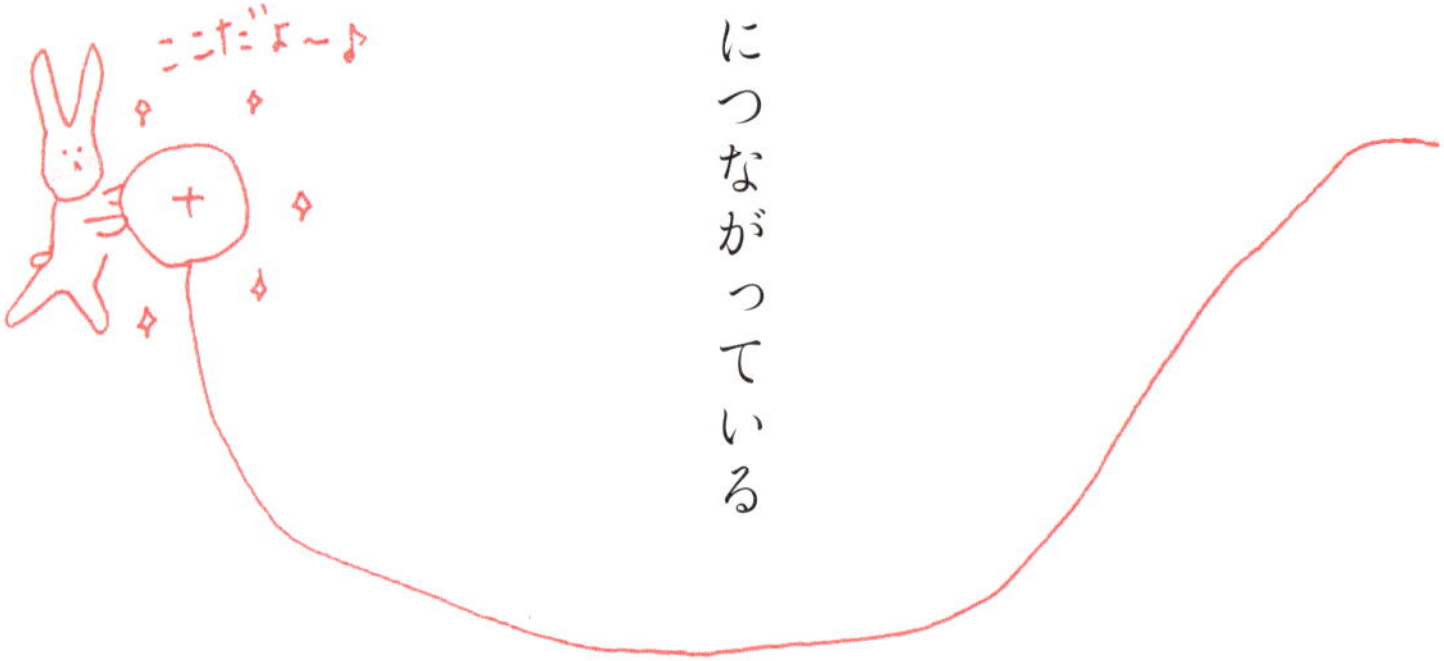

だから、絶対！　だいじょうぶ

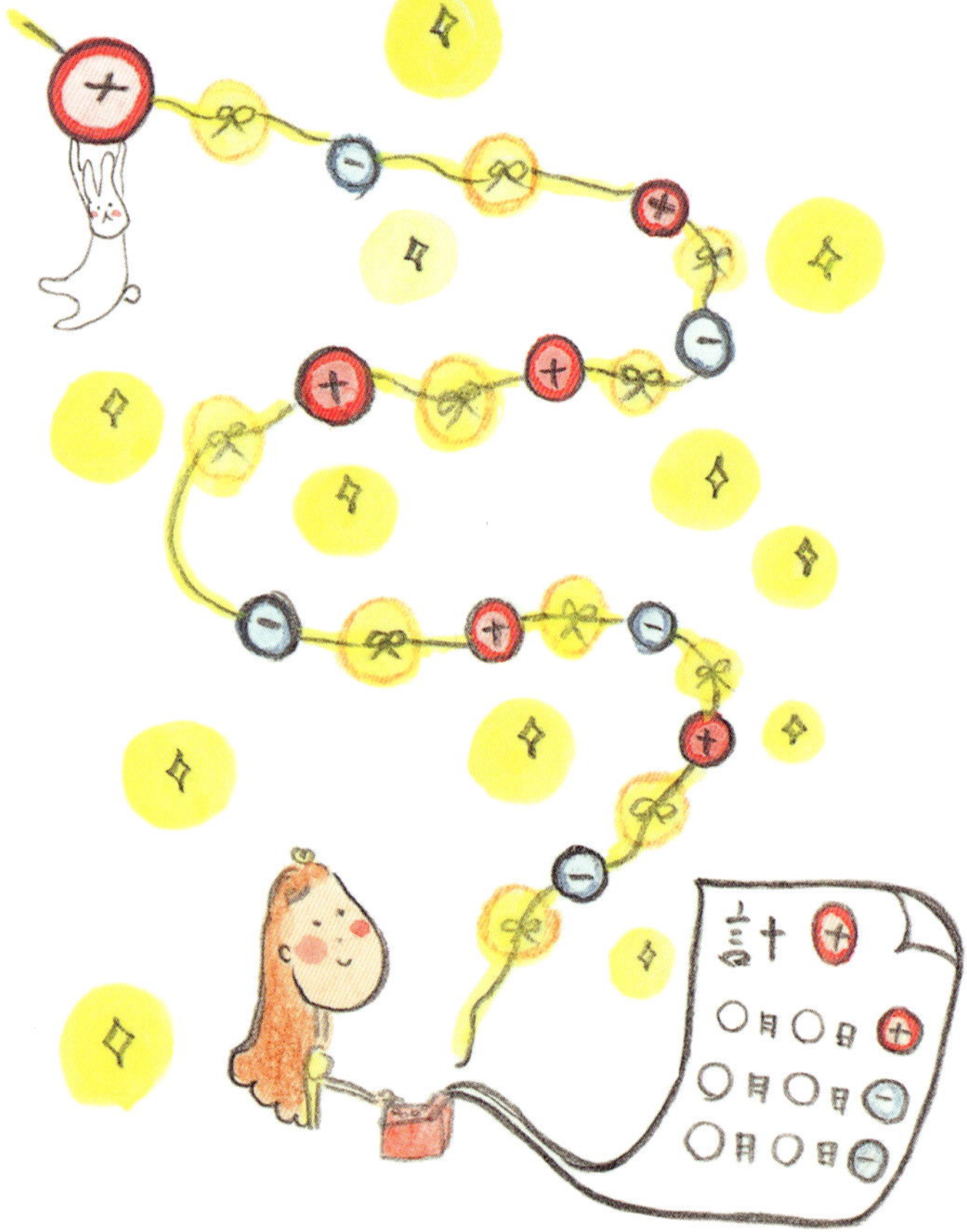
計
○月○日
○月○日
○月○日

そう、いろんなことがあっても
その先にある「幸せ♪」を信じることで
魔法のロープはぐいぐい、たぐりよせられて……

いつか、最高の幸せが
わたしのところに届くから

だから、安心して

あっ……

魔法 4

ふわり、はこばれる

窓を開けたら
やわらかな風が、
なんども、なんども
わたしの頬をなでたよ

でも、こんなふうに
太陽が輝いたり
風がふいたりするのは
ひとの力じゃ
どうしようもできない

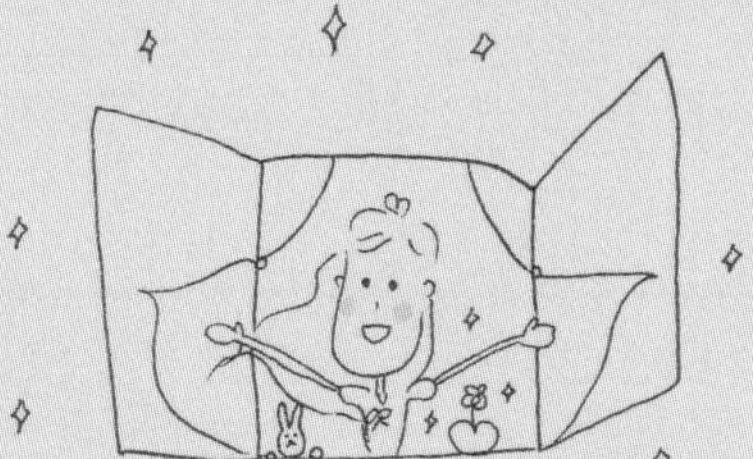

ほんとうに、すごいこと

いつも、当たり前すぎて
気づかないけど

ほんとうは、いま

わたしのすぐそばで起こっている
ありふれた出来事のひとつひとつが

〝魔法〟みたいにすごいこと

そう！　この世界のすべてが
毎日、魔法のリズムを奏でている

そして、その魔法のリズムに
わたしも、つつまれているのだから

いま、力をぬいて

そうしたら、ずっと行きたかった場所まで
ずっとずっと会いたかったひとのところまで
ふわり♡ふわり♡とはこばれて、たどりつけるから

だから、こんな魔法のサインをつかまえて

「なんとなく♪」

「なんとなく♪」気になるもの
「なんとなく♪」行ってみたい場所
「なんとなく♪」会いたいひと

わたしが「なんとなく♪」を信じると
すべてがスムーズに運びはじめる

タイミングのいいことが
たくさん起こるようになって

とくに意識しないでやったことが
誰かにぴったりのプレゼントに
たまたま、なってしまったり……♪

なんとなく欲しくなった毛糸のハラマキ……
1
かわいい
それから会った友だちが……
2
実は
3
赤ちゃんができたの!!
4
これ、プレゼント
ハラマキして、おなかを冷やさないようにね♡
すごい!! なんでわかったの?
後日…
ずっとほしかったの-♡
この前のお礼贈ります。

そう！

「なんとなく」
「理由はないけど」
「そんな気がする」

それが、魔法の道しるべ！

あっちだ!!
なんとなく
そんな気がする

その中でも……

なんとなく、心が落ち着かないとか
なんとなく、モヤモヤするとか
なんとなく、イヤな感じがするとか

こういう「なんとなく」は、とくに大切に

なんとなく、行きたくない場所
なんとなく、会いたくないひと

それは、とくに理由がないことだから

断ったりしなくちゃいけないときは
ちょっと勇気がいるときもあるけれど……でも

そんなときこそ、
「なんとなく」を信じれば
大きな幸せの風にとび乗れる！

そして、自然とすべてから守られるようになる

心が、ほっとして

どんどん、おだやかになっていく

だから、

ひとつ
ひとつ

わたしが感じることを、大切にして

なんとなく、あたたかい気持ちになるほうへ

なんとなく、おだやかな気持ちになるほうへ

なんとなく、ほっとするほうへ

そう、「ふんわりまろやか♪」になるほうへ

さあ、今日も
わたしが感じる
世界でたったひとつの輝きを
しっかりと抱きしめて

きっとわたしが
「幸せ♪」を感じる方向へ進むとき
あなたにも「幸せ♪」が届くはず

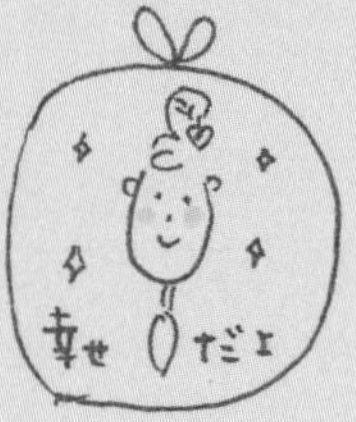

あなたが勇気を出して
「幸せ♪」を感じる方向へ進むとき
わたしにも、きっと「幸せ♪」が届くはず

だって、この風が
あなたとわたしを
つないでいるから

今日は、笑顔のプレゼント
贈るよ

だから、いつも「幸せ♪」をえらんで

自然と笑顔があふれるように

にぃーっ

魔法 5

なんども、愛する

そしたら、いま
世界一！　素敵な魔法が
はじまる

S

さあ、この魔法の言葉を唱えて♪

そのままのわたしが、
とっても♥すき

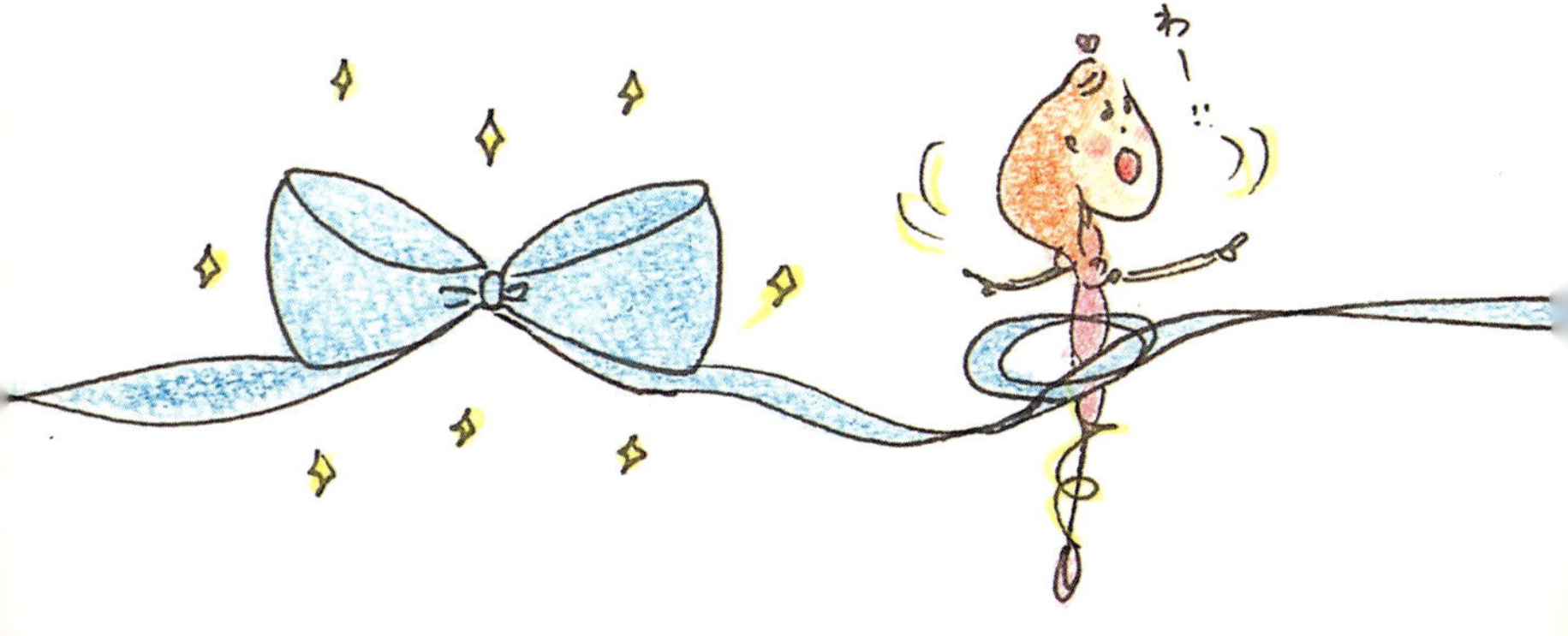

そうすると、イチゴケーキの馬車が
わたしを迎えに来てくれる

この馬車は、わたしが願う場所どこへでも
連れて行ってくれる魔法の馬車

今は、無理だとか
叶わないって思っちゃうくらいの
とびきり素敵なお城だって、だいじょうぶ

だから、心をときめかせて
その行き先を描いてみよう

のってく？
リヤカータイプなの？

そう、わたしの〝ときめき〟で
イチゴケーキの馬車は、走り出す！

飛べるのさっ!!
すごーい♡

イチゴケーキの馬車が、
一度、走りはじめたら
もう、お城にたどりつけるって
信じ込んで、安心していよう

眠っていたって
忘れちゃったって

〝そのままのわたし〟でいれば

馬車は走り続けて、
描いた通りのお城まで
連れて行ってくれるから

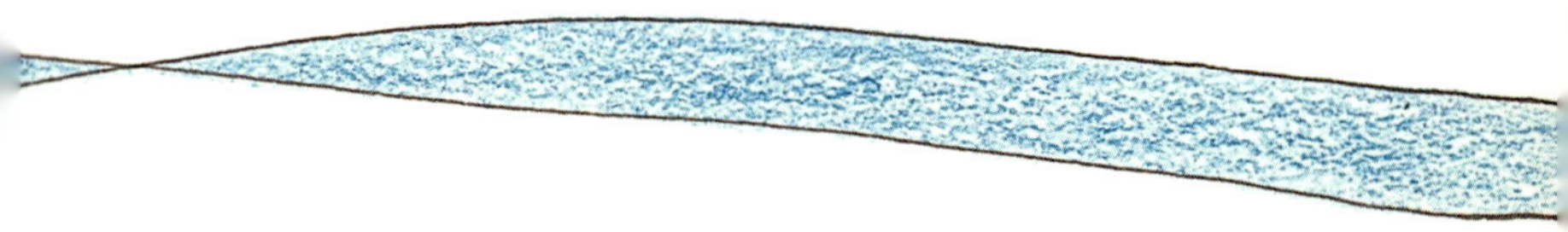

でも……たまに
「ほんとうに、行けるのかな？」って、
不安になることもある

そうすると、
イチゴケーキの馬車は、
エンストしちゃうんだ

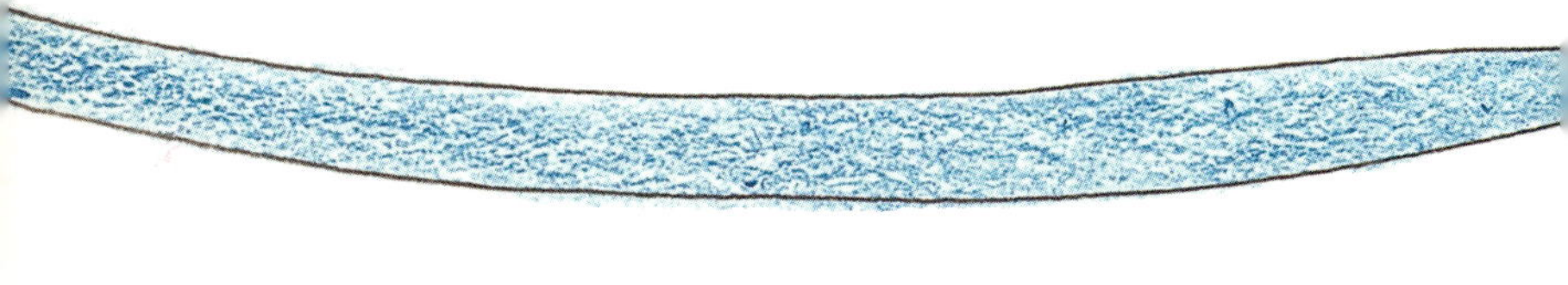

ごめん
あっ……
とまっちゃった―
ぷすっ………

でもイチゴケーキの馬車は
エンストしちゃっても
後戻りはしないから

やっぱりやめようかなって
一度、馬車をおりちゃったって

その場所で、わたしの帰りを待っていてくれる
どんなに、どんなに、時間が経っても
ずっと待っていてくれるから

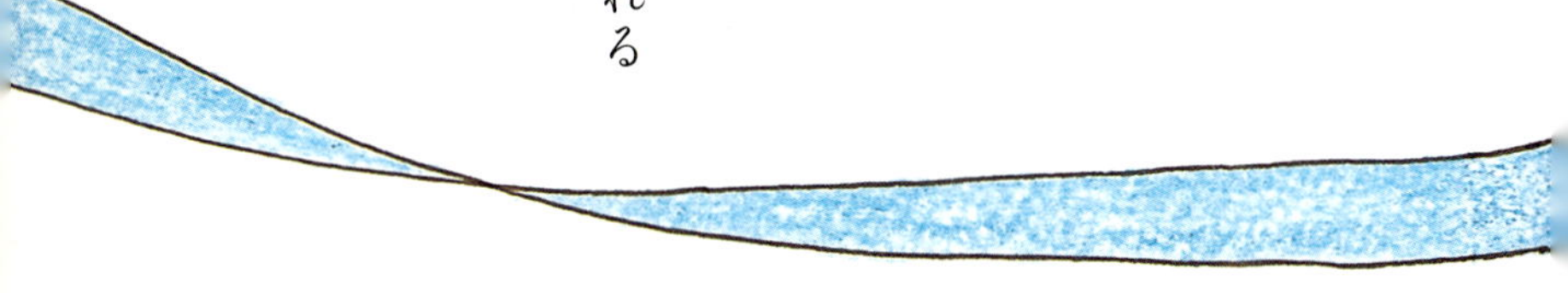

さあ、不安でいっぱいのわたし
こわくてたまらないわたし
すぐ疑っちゃうわたし
そんなわたしの手もしっかりつないで

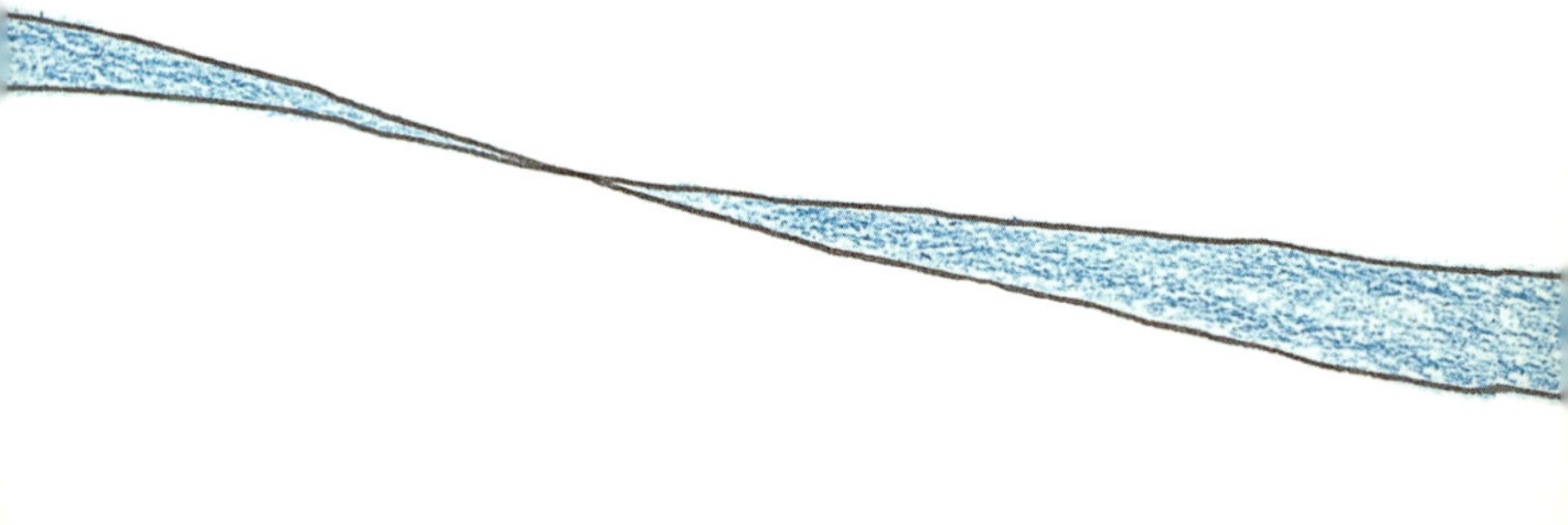

〝そのままのわたし〟が、
とっても♥すき

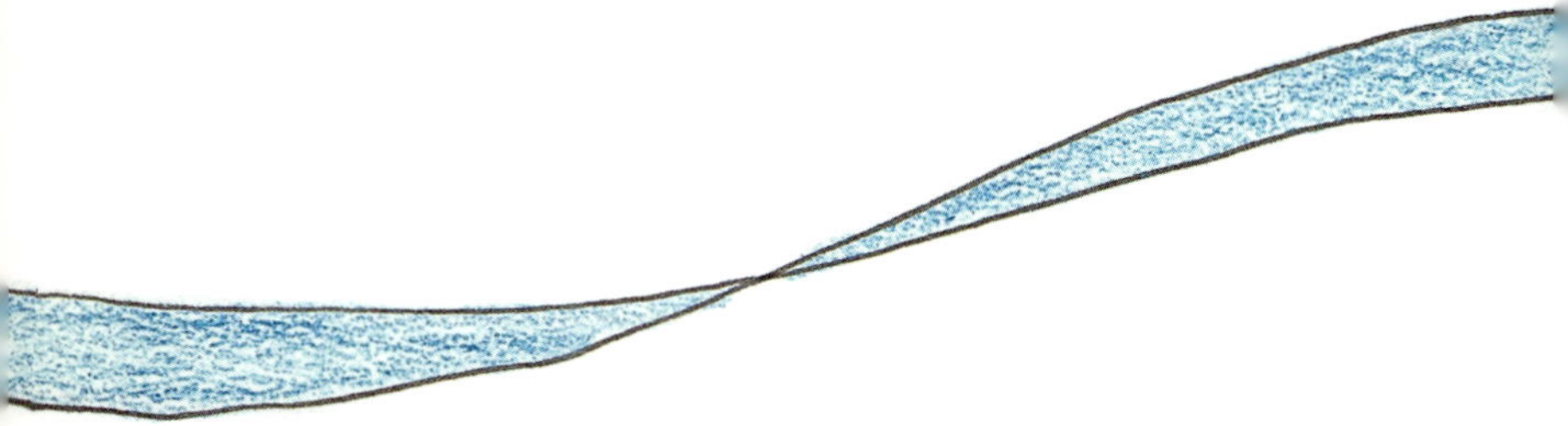

だって、もう一度
走らせることができるのは
わたししかいないから

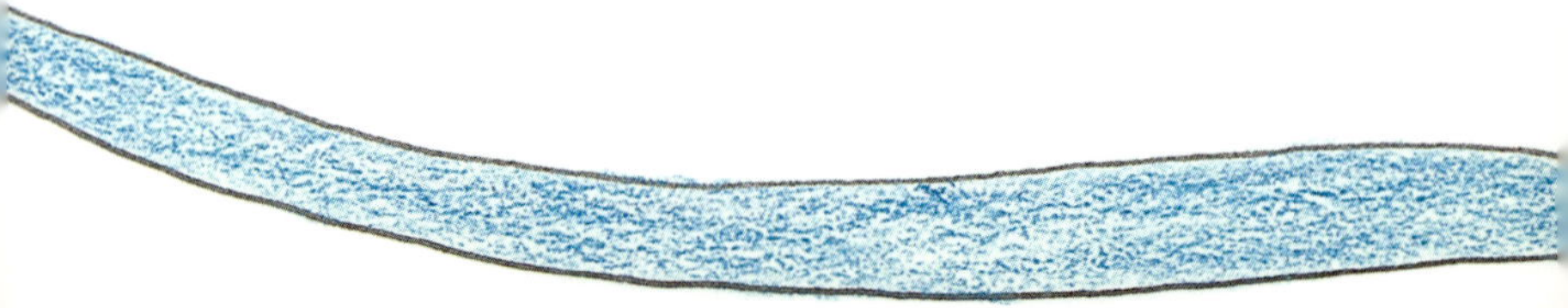

とまっちゃうことがあっても、
そのたびに、
また走らせればいいよ♪

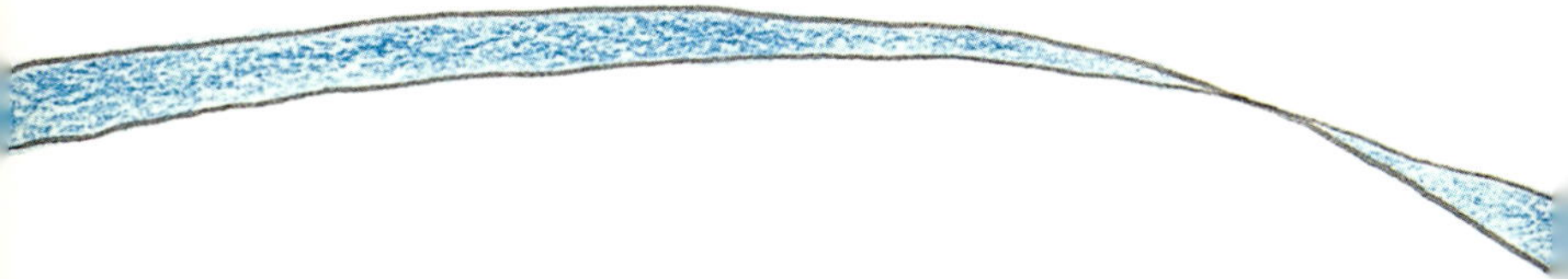

さあ、もう一度！

さあ、あの日の
夢のつづきが、
いま、はじまる！

そのままのわたしが
とっても！すき
もう一声！

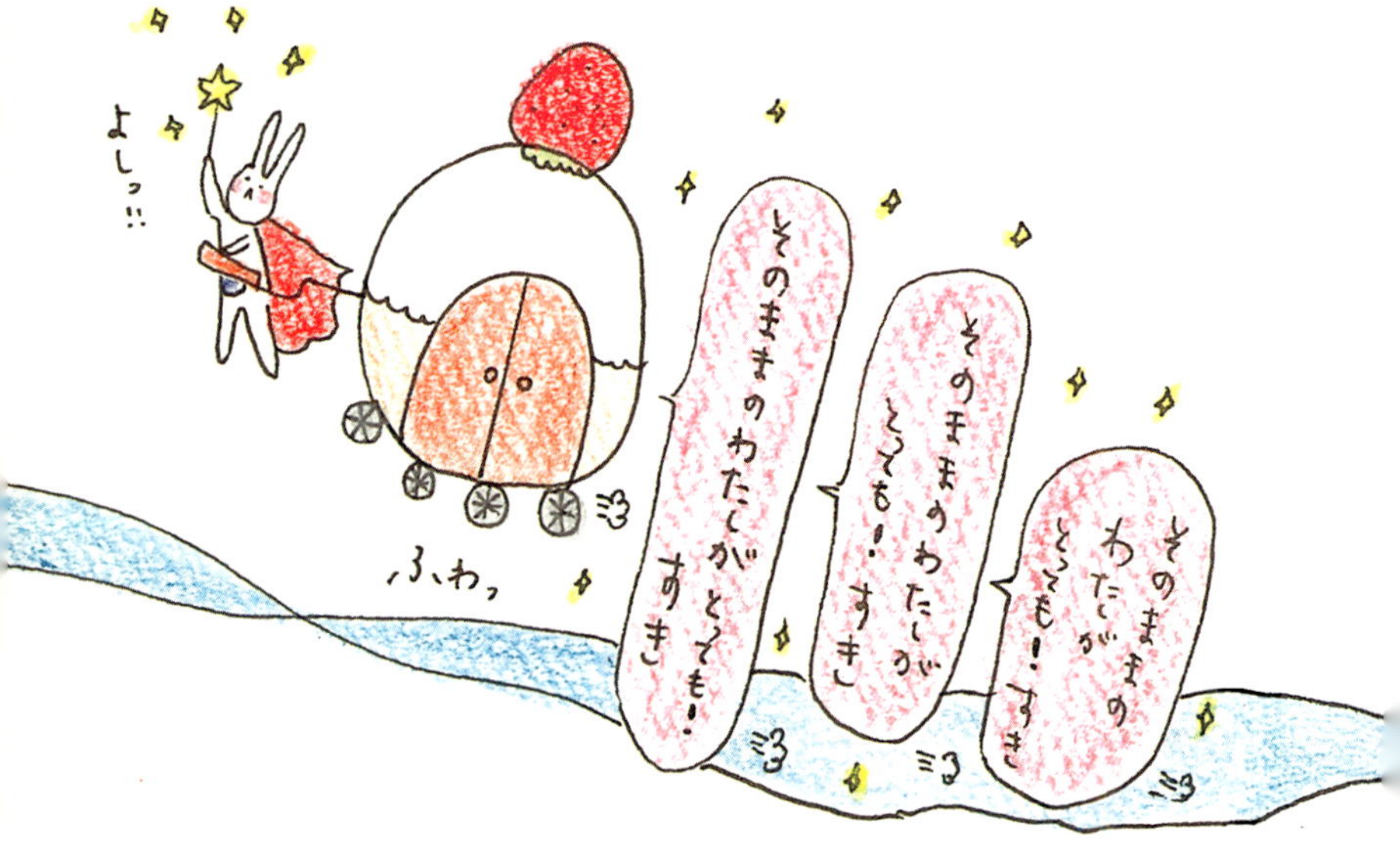
そのままのわたしがとっても!すき
そのままのわたしがとっても!すき
そのままのわたしがとっても!すき
よしっ!!
ふわっ

そして、きっと
すべてはわたしの中でも
つながっている

きっと

「きらいなところ」は

「好きなところ」と

「大好きなところ」は、

「大きらいなところ」と

だから、きらいなところを
手でふさがないでも、だいじょうぶ
一生懸命かくさなくても、だいじょうぶ
そうしたら、ほら
たくさんの優しさとつながれる♪

だって

まだまだなところがあるから
助けてもらえる

寂しいから、あなたのあたたかさを感じられて
弱いから、あなたの優しさが嬉しくなる

そして、あなたに、心から「ありがとう」って思える

そう、〝そのままのわたし〟には
思いどおりにならないところも
いっぱい、いっぱいあるけれど
優しい気持ちでつくろえば、
とびきり素敵な未来につながっていくから

さあ、今夜は
〝そのままのわたし〟を
あたたかく抱きしめて眠ろう

そうすれば、
わたしが寝ているうちに
たくさんの力がつながりあって……♪

Love

すべて、望んだとおりに叶っちゃうのだから♪

うさぎちゃん
ありがとう♡
今日はケーキ5コだよ♡

魔法エピローグ

〝魔法〟を聴いたあと、
なんだかいい気持ちになって
深呼吸をひとつして、
そっと胸の中でつぶやいてみた
「そのままのわたしが、とっても♡すき」
それから、ノートをひらいて、
「こうなったらいいな〜♪」ってことを書いてみた

〈……それから、たまたま、私のわがままな条件をすべてクリアしている会社に出会ったのです！

しかもその日が締め切り！　とにかく応募するだけしてみようと思い、すぐに応募しました。

すると2日後に、会社からお電話をいただき、その日の夕方に面接に来てくれないか、とのこと。運よく、たまたま今勤めている会社がお休みの日でした。すぐに履歴書を書き上げ、面接に向かいました。

そして面接でお話しを伺い、驚きました。

というのも、その仕事内容が、

「英語を使った業務で、ゆくゆくは翻訳なども……」

ということだったのです！

フランス語の翻訳をすることが夢である私にとって、仕事を通して英語の勉強ができるなんて夢のようです！

「こんなにおいしい話があっていいの？」

と、夢を見ているようでした。

でも、聞けば応募者は150人ほど。採用は1人のみ！

ものすごい倍率です。

「きっと英語がもっとできるひとは多いから、
難しいかもなぁ……でもうまくいくといいな」

焦る気持ちをぐっとこらえ、結果の電話を
おとなしく待つことにしました。
電話は来週になるとのことです。

「応募した会社から電話がかかってきてる！」

そう気づいたのはその週末のことでした。
居てもたってもいられずお昼休みに会社を抜け、
すぐに折り返しのお電話をしました。すると……

「内定です！」

本当に驚きました。

面接の最後のひとが来週になるから、
結果は来週まで出ないと言われていたのに……。

ほんとうにあっという間の出来事で
自分でもいまだに信じられないようなミラクルの連続でした。

この〝魔法〟のパワーはほんとうにすごい！〉（20代・会社員）

だから、次はきっと、あなたの番♪

あとがき

今回、このようにして、また皆様にお会いできたことに、感謝の気持ちでいっぱいです。

ありがとうございます。

今回は、今までとは少し違った形の本になっていますが、それは、『世界一！　愛されて幸福《しあわせ》になる魔法のプリンセス レッスン』『大好きなひとに世界一！　愛される魔法のプリンセス レッスン』（ともに学習研究社）を読んでくださった方から届いたメッセージの中で、最も多かった「プリンセス レッスンを受けたい！」という声に少しでもお応えしたかったからです。

実際のレッスンで、ホワイトボードを使いながら、お話しさせていただいているように、イラストを交えて描きました。

少しでも皆様のお気持ちに沿うことができていれば、嬉しいです。

また、今では、毎日のように、愛にあふれたお便りや素敵なメッセージがわたしのところに届くようになりました。ひとつひとつのお便りにお返事を書くことができず、ほんとうにごめんなさい。

そのすべて、大切に拝見させていただき、皆様の喜ぶ顔を心に浮かべ、執筆活動をしています。

これからも、皆様のお気持ちに、ご本を通じてお応えすることができるよう精一杯努めていきたいと思っています。

最後になりましたが、この学校を愛してくださるたくさんの皆様、ありがとうございます。

皆様の大きな愛が、支えとなり、励みとなり、この本を書き上げることができました。

とっても可愛いタオルを贈ってくださった高田妙代子先生、ありがとうございます。

素敵なポップを描いてくださり、携帯のサイト『プリンセス☆ギャラリー』を管理してくださっているらくがきイラストレーターのkanaさん、ありがとうございます。

いつもブログのトップ画像をつくってくれたり、公式ファンクラブ『un pri Jour』（アンプリジュール）の会長を務めてくれている樽奈都記ちゃん、ありがとう。

何度も何度もわたしの気持ちを聴いてくれて、世界一！　素敵なロゴをつくってくれたデザイナーの山口怜美ちゃん、ありがとう。

ラジオ（bay fm 78〝Saturday night 3.9〟毎週土曜24時から放送）のパーソナリティーとしてご一緒させていただき、大きな優しさでつつんでくださる福原裕一さん、ありがとうございます。

また、あたたかい愛にあふれたカバーのデザインをつくってくださったマルプデザインの長谷川有香さん、ありがとうございます。
今回も、わたしのたくさんのお願いを快く受け入れてくださったアイテムの藤原政則さん、ありがとうございます。

優しく見守ってくださる大沢広彰部長、ありがとうございます。
しっかりと支えてくださる土屋俊介室長、ありがとうございます。
熱心に営業をしてくださる西浦孝次さん、ありがとうございます。

そして、いつもわたしをあたたかく励まし、大きな愛で導いてくださる遠藤励起編集長、ほんとうにありがとうございます。

たくさんの愛を贈ってくれる両親と妹に、心からありがとう。
あたたかく優しく見守ってくれる祖父母に、心からありがとう。

この本に出逢ってくださったあなた、ありがとうございます。

この〝魔法の本〟に込められたたくさんの愛が、
あなたに世界で一番素敵なプレゼントを届けてくれますように！

世界一！　の愛とありがとうを込めて

２００９年４月２日

上原愛加

おまけの魔法

大好きなあなたへ

立ち上がろうとするたびに、なんどもころんだ
うまく立てたようにみえたって　立ちつづけられずに
自分自身にどうしようもないくらいの怒りを抱きながら
ときに悲しくて　泣きつづけた日々をこえて

もし、あなたの中に悲しみが流れる川があるなら
もし、あなたの中に深い涙の海があるなら

それは、きっと　あなたの優しさが形をかえたもの

その優しさは、いま、もう一度　形をかえて
今度は、太くたくましい桜の木の幹となり
たくさんのやわらかなももいろの花を咲かせ、いま
満開の幸福であなたをつつむよ

だから、あたたかな春の陽を心に灯して
さあ、あなたのとなりのひとの手を そっとにぎろう
さあ、あなたのそばにいるひとに にっこりしてみよう
それは、すぐに忘れてしまうような小さなことだけど
あたり前のようにすぎていく毎日の
ほんの一瞬に贈る小さな小さな優しい気持ちこそが
あなたの心に魔法をかけて
やわらかな春の陽の光となり
またひとつ、幸福を花ひらかせていく

だって、誰かより上手になりたくて、何かより素敵になりたくて
どんなにどんなにがんばってみたってぜんぜんうまくいかないし
欲しいものはいっこも手に入らないのに、ぐるぐるまわってるだけなんて

そのがんばるパワー、ぜんぶ優しいことに使ってみたら
きっと奇跡が起こるはず

だから責めるのも、もうやめにして

誰かのためじゃなく
何かのためじゃなく

ただあなたがくらす毎日に
あなたとあなたの周りのひとたちの上に
幸福が満開であるように

でも、そんなこと言っても
雨の日には、誰かの可愛い傘が
うらやましくてしかたなくなっちゃうわたしだから
そんな気持ちがあふれてくるときは
とっても素敵なレターセットを買ってきて
こうして、あなたに手紙を書くんだ
大好きなあなたと、ずっとずっと
おだやかな春の陽につつまれて
毎日、毎日、小さな花がひらくのをみていられたらいいな
そんなことを想っていたら
ほんのちょっと、また心があたたかくなってきたよ

そう みんな みんな、思ったのとはちがう
デコボコのビスケットを たくさんポッケに入れてるよ
わたしのポッケにも たくさんたくさん入ってるみたいだよ
それなら、チョコレートでコーティングして
生クリームを たっぷり のせちゃうよ
そうしたら、デコボコも 美味しくなって
形も まあるく なって
この世界が 今日も奏でる
魔法のリズムの中で踊る
まあるい音符のひとつに
なれるから♫

そうしたら、ほら
わたしの小さな幸福と
世界中の大きな幸福が結ばれて
今日も たくさんの幸福が
わたしに届くようになる

だから、ここにある幸福は
ぜんぶ世界からのプレゼント

そう、ここにある幸福は、
ぜんぶぜんぶ、ひとつのこらず
あなたを愛するためのもの

大好きなあなたへ
笑ったり 泣いたり 喜んだり 悲しくなったりする
そのままのあなたが、とっても とっても すき
いつも ほんとに ありがとう
2009.3.11 愛加より
世界一！の 愛を込めて

そのままのあなたが、とっても♥すき

2009年5月1日　第1刷発行

著　者　上原愛加
発行人　大沢広彰
編集人　土屋俊介
編集長　遠藤励起
発行所　株式会社学習研究社
〒141-8510　東京都品川区西五反田2-11-8
印　刷　中央精版印刷株式会社

この本に関する各種のお問い合わせ先
◎編集内容については、☎03-6431-1473（編集部直通）
◎在庫、不良品（落丁・乱丁）については、☎03-6431-1201（出版販売部）
◎学研商品に関するお問い合わせは、☎03-6431-1002（学研お客様センター）
◎文書の場合、〒141-8510 東京都品川区西五反田2-11-8　学研お客様センター
『そのままのあなたが、とっても♡すき』係